문법이 저절로

3 STEP

Writing

1

I am books

Preview

1
Writing에 필요한 문법
해당 Unit의 영작을 위해 필요한 문법사항을
학습합니다.

2
Writing에 필요한 문법 확인
문제풀이를 통해 앞에서 배운 문법사항을
확인합니다.

3
Warm Up: 표현 만들기
해당 Unit의 영작을 위해 필요한 기본
표현을 익히고 써봅니다.

4
Step 1: 문장 만들기
Warm Up에서 학습한 표현을 활용하여
기본 문장들을 영작합니다.

5
Step 2: 문장 완성하기

수식어 또는 수식어구를 활용하여 Step 1에서 만든 기본 문장들을 완성합니다.

6
Step 3: 문장 꾸미기

수식어 또는 수식어구를 활용하여 Step 2에서 완성한 문장들을 더욱 확장된 장문으로 써봅니다.

7
More Practice

영작 문제를 통해 학습한 내용을 복습합니다.

8
Creative Thinking Activity

다양한 유형의 활동을 통해 학습한 영작 Skill을 적용 및 응용합니다.

영작을 위한 학생들의 이해도를 돕기 위해 간혹 어색한 한국말 표현이 있을 수 있음을 알려드립니다.

Contents

Unit 1 문장이란?   6

Unit 2 문장의 구성 요소   12

Unit 3 형용사   18

Check Up 1. Unit 1-3   24

Unit 4 부사   26

Unit 5 현재시제 1(be동사)   32

Unit 6 현재시제 2(일반동사)   38

Check Up 2. Unit 4-6   44

Unit 7   과거시제 1(be동사)   46

Unit 8   과거시제 2(일반동사)   52

Unit 9   There be   58

Check Up 3. Unit 7-9   64

Unit 10 미래시제   66

Unit 11 현재진행 시제   72

Unit 12 과거진행 시제   78

Check Up 4. Unit 10-12   84

Answer Key   86

문장이란?

 Writing에 필요한 문법

1. 구와 문장 구분하기

구분	의미	예시
구	단어가 2개 이상 모여서 이루어짐	this ball a blue flower very fast cars
문장	주어와 동사로 이루어진 사고의 기본 단위	I play. Do you like oranges? I don't like oranges.

단어(Word)

book, pencil, school, baby, moon 등

구(Phrase)

this book

my cute brother

단어 + 단어 ⟶ 구

문장(Sentence)

I eat.

주어 + 동사 ⟶ 문장

2. 문장이란?

- 사고의 기본 단위로 주어와 동사가 포함된 단어의 조합
- 문장의 첫 단어는 대문자로 시작한다.
- 문장 끝에는 문장부호(. / ? / !)를 붙인다.

기본 요소	쓰임	예문
주어	① 문장을 이끌어가는 주체가 되는 단어 ② 행위를 하는 사람이나 물건을 나타낸다. ③ 문장의 앞에 나오며 '-은/는'으로 해석된다.	I am a student.
동사	① 주어가 행하는 동작이나 상태를 나타내는 단어 ② 주어의 뒤에 나오며 '-다'로 해석된다.	He jumps high. You seem happy.

🐾 Writing에 필요한 문법 확인

A. 다음 보기를 읽고 문장에 동그라미 하시오.

1 They are happy. 2 red car 3 very pretty

4 I talk. 5 She walks.

B. 다음 중 알맞은 것을 고르시오.

1 (Am / You / I) am a student.

2 I (have / she / are) a pencil.

3 You (Jon / catch / talk) the ball.

4 She (eats / is / Amy) lunch at 1 o'clock.

5 They (stay / are / you) my classmates.

> 🐱 참조
>
> 장소, 시간 등의 수식어구는 주어, 동사 뒤에 위치한다.
> She goes to church in the morning.
> I live in Seoul.

C. 주어진 단어를 사용하여 문장을 완성하시오.

1 love / I / you / .

_____

2 they / the piano / practice / .

_____

3 dogs / run / fast / .

_____

4 like / cats / fish / .

_____

5 you / English / speak / .

_____

English	Korean	English	Korean
apple	n. 사과	play	v. 놀다
comic book	n. 만화책	science	n. 과학
eat	v. 먹다	speak	v. 말하다
grandmother	n. 할머니	teach	v. 가르치다
house	n. 집	toy	n. 장난감
living room	n. 거실	visit	v. 방문하다
park	n. 공원	watch	v. 보다

다음의 우리말 표현을 영어로 쓰시오.

1 공부하다   study

2 보다 _____

3 가지고 있다 _____

4 먹다 _____

5 좋아하다 _____

6 가르치다 _____

7 말하다 _____

8 읽다 _____

9 놀다 _____

10 방문하다 _____

🐚 **다음의 우리말 표현을 영어로 쓰시오.**

1 나는 공부한다.
   ↓   ↓
   I   study.
  주어   동사

2 너는 본다 .   _____

3 나는 가지고 있다 .   _____

4 나는 먹는다 .   _____

5 나는 좋아한다 .   _____

6 나는 가르친다 .   _____

7 나는 말한다 .   _____

8 너는 읽는다 .   _____

9 나는 논다 .   _____

10 너는 방문한다 .   _____

🐚 **다음의 우리말 표현을 영어로 쓰시오.**

1 나는 수학을 공부한다.

   I study math .

2 너는 TV를 본다.

3 나는 책들을 (books) 가지고 있다.

4 나는 사과를 먹는다.

5 나는 그 장난감들을 좋아한다.

6 나는 과학을 가르친다.

7 나는 영어를 (English) 말한다.

8 너는 만화책을 읽는다.

9 나는 나의 고양이와 함께 (with my cat) 논다.

10 너는 너의 할머니를 방문한다.

🐚 **다음의 우리말 표현을 영어로 쓰시오.**

1 나는 수학을 매일 공부한다.

   I study math every day .

2 너는 거실에서 (in the living room) TV를 본다.

   _____

3 나는 나의 방에 (in my room) 책들을 가지고 있다.

   _____

4 나는 아침에 (in the morning) 사과를 먹는다.

   _____

5 나는 그 장난감 가게에 있는 (at the toy store) 장난감들을 좋아한다.

   _____

6 나는 초등학교에서 (in elementary school) 과학을 가르친다.

   _____

7 나는 호주에서 (in Australia) 영어를 말한다.

   _____

8 너는 공원에서 (in the park) 만화책을 읽는다.

   _____

9 나는 나의 집에서 (in my house) 나의 고양이와 함께 논다.

   _____

10 너는 매주 금요일에 (every Friday) 너의 할머니를 방문한다.

   _____

Unit 2 문장의 구성 요소

 Writing에 필요한 문법

1. 문장의 구성 요소

구성 요소	쓰임	예문
주어	① 문장을 이끌어가는 주체가 되는 단어 ② 행위를 하는 사람이나 물건을 나타낸다. ③ 문장의 앞에 나오며 '-은/는'으로 해석된다.	You are a teacher.
동사	① 주어가 행하는 동작이나 상태를 나타내는 단어 ② 주어의 뒤에 나오며 '-다'로 해석된다.	He speaks English. I am happy.
목적어	① 문장에서 주어가 하는 행위를 말한다. ② 동사의 뒤에 나오며 '-을/를'로 해석된다.	I read comic books.
보어	주어나 목적어에 대한 추가적인 정보를 제공한다. (보충하는 단어)	He is a doctor. (주격보어) I often make her cry. (목적격보어)

2. 기본 문장 맛보기

3. 기본 문장의 종류

종류	쓰임	예문
평서문	① 어떤 사실이나 상황을 기술하는 문장 ② 주어＋동사로 이루어져 있으며 '-다'로 해석된다.	I like apples.
부정문	① 어떤 사실이나 상황을 부정하는 문장 ② 평서문에 not을 포함하며 '-하지 않는다/-아니다'로 해석된다.	I do not like apples. You are not a student.
의문문	① 어떤 사실이나 상황을 물어보는 문장 ② 문장 끝에는 물음표(?)가 오며 '-합(입)니까'로 해석된다.	Do you study English?

📝 Writing에 필요한 문법 확인

A. 주어진 문장을 읽고 주어와 동사에 동그라미 하시오.

1 I watch TV.

2 He is my boyfriend.

3 You see dogs.

4 They work for the company.

5 She walks.

B. 주어진 문장을 읽고 보어나 목적어에 동그라미 하시오.

1 David loves my paintings.

2 I like orange juice.

3 You do not wear jeans.

4 The cookies smell good.

5 I feel great.

C. 주어진 단어를 사용하여 문장을 완성하시오.

1 at the concert / he / is / .

_____

2 I / the guitar / play / .

_____

3 she / my sister / is / .

_____

4 fast / cheetahs / run / .

_____

5 mom / a movie / watches / .

_____

English	Korean	English	Korean
animal	n. 동물	kitchen	n. 부엌
bake	v. (빵 등을) 굽다	make	v. 만들다
children	n. 아이들	meal	n. 식사
doll	n. 인형	teacher	n. 선생님
dress	n. 드레스, 원피스	try on	(옷 등을) 입어보다
drink	v. 마시다	water	n. 물
hat	n. 모자	zoo	n. 동물원

다음의 우리말 표현을 영어로 쓰시오.

1 운전하다   drive _____

2 (드레스를) 입어보다 _____

3 가지고 있다 _____

4 만들다 _____

5 (모자를) 쓰다 _____

6 굽다 _____

7 마시다 _____

8 보다 _____

9 먹다 _____

10 방문하다 _____

🐚 다음의 우리말 표현을 영어로 쓰시오.

1 나는 운전한다.
   ↓   ↓
   I   drive.
   주어   동사

2 나는 (드레스를) 입어본다 . _____

3 나는 가지고 있다 . _____

4 너는 만든다 . _____

5 나는 (모자를) 쓴다 . _____

6 나는 굽는다 . _____

7 나는 마신다 . _____

8 그 아이들은 본다 . _____

9 그들은 먹는다 . _____

10 나는 방문한다 . _____

🐚 다음의 우리말 표현을 영어로 쓰시오.

1 나는 차를 운전한다.

   I drive a car .
   _____

2 나는 드레스를 입어본다.

   _____

3 나는 인형을 가지고 있다.

   _____

4 너는 음식을 만든다.

   _____

5 나는 모자를 쓴다.

   _____

6 나는 쿠키들을 굽는다.

   _____

7 나는 물을 마신다.

   _____

8 그 아이들은 동물들을 본다.

   _____

9 그들은 피자를 먹는다.

   _____

10 나는 나의 선생님을 방문한다.

   _____

다음의 우리말 표현을 영어로 쓰시오.

1 나는 차를 매일 운전한다.

   I drive a car every day .

2 나는 옷 가게에서 (at the clothing store) 드레스를 입어본다.

   _____

3 나는 거실에 (in the living room) 인형을 가지고 있다.

   _____

4 너는 부엌에서 (in the kitchen) 음식을 만든다.

   _____

5 나는 매주 토요일에 (every Saturday) 모자를 쓴다.

   _____

6 나는 나의 아이들을 위해 (for my kids) 쿠키들을 굽는다.

   _____

7 나는 식사 후에 (after a meal) 물을 마신다.

   _____

8 그 아이들은 동물원에서 (at the zoo) 동물들을 본다.

   _____

9 그들은 생일 파티에서 (at the birthday party) 피자를 먹는다.

   _____

10 나는 한 달에 한 번 (once a month) 나의 선생님을 방문한다.

   _____

Unit 3 형용사

 Writing에 필요한 문법

1. 형용사란?

- 사람이나 사물을 묘사하는 단어
- 시제와 인칭에 상관없이 항상 같은 형태를 갖는다.

2. 형용사가 있는 문장 맛보기

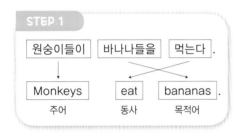

3. 형용사의 쓰임

쓰임	예문
명사 앞에서 명사를 수식할 때	I have a long pencil.
be동사 뒤에서 명사 없이 보어로 쓰일 때	My boyfriend is handsome.
look, feel, smell, taste, sound, seem 등의 동사 뒤에서 명사 없이 보어로 쓰일 때	Jenny looks beautiful.

look+형용사 : -하게 보이다   feel+형용사 : -하게 느끼다   smell+형용사 : -한 냄새가 나다

taste+형용사 : -한 맛이 나다   sound+형용사 : -하게 들리다   seem+형용사 : -처럼 보이다

4. 형용사의 종류

종류	예시	종류	예시
색깔	yellow, red, black, white	외모	cute, pretty, beautiful, handsome
크기	big, small, long, short	느낌	happy, angry, nervous, peaceful
숫자	one, two, three, four	대명사	my, your, our, his, their

📝 Writing에 필요한 문법 확인

A. 다음 중 알맞은 것을 고르시오.

1 The man bought an (expensive / expensively) car.

2 The boys were (short / shortly) five years ago.

3 The chocolate cake looks (delicious / deliciously).

4 My new teacher (nice is / is nice).

5 Mr. Smith feels (happy / happily).

B. 다음 중 틀린 부분을 바르게 고치시오.

1 He gave me a beautifully doll for my birthday. _____

2 The singer's song sounds softly. _____

3 Michael Jackson was a famously singer. _____

4 The movie was interestingly. _____

5 The melon tastes sweetly. _____

C. 괄호 안의 단어가 들어갈 위치에 체크(∨)하시오.

1 Gina is a girl. (pretty)

2 The pancake on the plate smells. (good)

3 The dress is mine. (red)

4 His new house looks. (nice)

5 Mr. White is a worker in the company. (diligent)

English	Korean	English	Korean
amusement park	n. 놀이동산	many / much	adj. 많은
delicious	adj. 맛있는	most	adj. 대부분의
excited	adj. 신난	movie	n. 영화
faithful	adj. 충성스러운	nervous	adj. 불안한
funny	adj. 웃기는, 우스운	picture	n. 사진
interesting	adj. 재미있는, 흥미로운	pot	n. 냄비
library	n. 도서관	save	v. 구하다

다음의 우리말 표현을 영어로 쓰시오.

1 노란 바나나들   yellow bananas

2 많은 식물들(plants)

3 그 충성스러운 개

4 그 키가 큰 소년

5 웃긴 영화들

6 그 맛있는 음식(food)

7 그들의 어린(young) 아들

8 많은 사진들

9 재미있는 이야기들

10 대부분의 학생들

🐚 **다음의 우리말 표현을 영어로 쓰시오.**

1 원숭이들이　바나나들을　먹는다.

Monkeys　eat　bananas.
주어　　　동사　　목적어

2 그는　식물들을　가지고 있다 (have).

_____

3 그 개는　그의 주인을 (his owner)　구한다 .

_____

4 그 소년은　친절해 (kind)　보이지 않는다 .

_____

5 나는　영화들을　본다 (watch).

_____

6 그 음식은　좋은　냄새가 난다 .

_____

7 그들의 아들은 (their son)　신나　보인다 .

_____

8 그들은　사진들을　찍는다 (take).

_____

9 나는　이야기들을 (stories)　읽는다 .

_____

10 학생들은 (students)　불안하게　느낀다 (feel).

_____

다음의 우리말 표현을 영어로 쓰시오.

1 원숭이들이 노란 바나나들을 먹는다.

   Monkeys eat yellow bananas.

   _____

2 그는 많은 식물들을 가지고 있다.

   _____

3 그 충성스러운 개는 그의 주인을 구한다.

   _____

4 그 키가 큰 (tall) 소년은 친절해 보이지 않는다.

   _____

5 나는 웃긴 영화들을 본다.

   _____

6 그 맛있는 음식은 좋은 냄새가 난다.

   _____

7 그들의 어린 아들은 신나 보인다.

   _____

8 그들은 많은 사진들을 찍는다.

   _____

9 나는 재미있는 이야기들을 읽는다.

   _____

10 대부분의 학생들은 불안하게 느낀다.

   _____

🐚 다음의 우리말 표현을 영어로 쓰시오.

1   원숭이들이   나무 위에서   노란 바나나들을 먹는다.

     Monkeys eat yellow bananas   on the tree .

2   그는   베란다에 (in the veranda) 많은 식물들을 가지고 있다.

3   그 충성스러운 개는   위험에 처한 (from danger) 그의 주인을 구한다.

4   벤치 위에 있는 (on the bench) 키가 큰 소년은 친절해 보이지 않는다.

5   나는   자유 시간에 (in my free time) 웃긴 영화들을 본다.

6   냄비에 있는 (in the pot) 맛있는 음식은 좋은 냄새가 난다.

7   그들의 어린 아들은   놀이동산에서 (in the amusement park) 신나 보인다.

8   그들은   공원에서 (in the park) 많은 사진들을 찍는다.

9   나는   도서관에서 (in the library) 재미있는 이야기들을 읽는다.

10   대부분의 학생들은   시험을 보는 동안 (during the test) 불안하게 느낀다.

More Practice

A. 주어진 단어를 사용하여 문장을 완성하시오.

1 every day / the girls / to school / walk / .

_____

2 my cats / at night / play / like to / .

_____

3 smells / delicious / from the restaurant / the food / .

_____

4 happy / the baby / feels / on her little bed / .

_____

B. 다음 문장을 영작하시오.

1 그녀는 아침에 늦게 일어난다. (wake up)

_____

2 나의 엄마는 식사 후에 커피를 마신다. (after a meal)

_____

3 너의 개는 낮잠 자는 것을 좋아한다. (take a nap)

_____

4 그 노랑색 우산은 나의 배낭 안에 있다. (in my backpack)

_____

Creative Thinking Activity

🐚 **Kevin이 좋아하는 간식에 대한 메모를 읽고 문장을 완성하시오.**

Snack	chocolate chip cookies		
Shape & Size	☐ small ☑ round	☑ big ☐ long	☐ square ☐ thin
Taste	☐ spicy ☐ bitter	☐ sour ☑ sweet	
Ingredients	some flour some sugar two eggs many small chocolate chips		

I _____ Kevin. I like _____.

They are _____, and they have _____ chocolate

chips in them. They _____ very sweet and delicious!

chocolate chip cookies

Unit 4 부사

📣 Writing에 필요한 문법

1. 부사란?

- 형용사, 동사, 다른 부사, 또는 문장 전체를 꾸며주는 단어
- 시제와 인칭에 상관없이 항상 같은 형태를 갖는다.

2. 부사가 있는 문장 맛보기

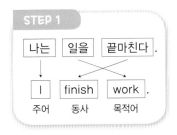
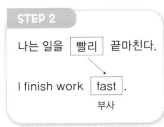

3. 부사의 쓰임

쓰임	예문
형용사를 수식할 때	My wife is very beautiful.
동사를 수식할 때	Turtles move slowly.
다른 부사를 수식할 때	Jack speaks Spanish very well.
문장 전체를 수식할 때	Unfortunately, I failed the test.

4. 부사의 종류

종류	예시
형용사+ly	slowly, poorly, beautifully, heavily, easily
형용사＝부사	fast, hard, late, early
불규칙	well

Writing에 필요한 문법 확인

A. 다음 중 알맞은 것을 고르시오.

1 I drive (careful / carefully) in the rain.

2 I can carry the heavy box (easy / easily).

3 We are (smart / smartly) students.

4 The music sounds (loud / loudly).

5 Her little brother is a (very cute / cute very) boy.

B. 다음 중 틀린 부분을 바르게 고치시오.

1 They look very happily.

2 Kate learns everything very fastly.

3 It snows very heavy in winter here.

4 I feel happy very on my birthday.

5 I study very hardly.

C. 괄호 안의 단어가 들어갈 위치에 체크(V)하시오.

1 Jason studies math hard. (very)

2 She did the job. (poorly)

3 Mothers take care of their babies very. (well)

4 My father came home today. (early)

5 Catherine goes to school every day. (late)

English	Korean	English	Korean
athlete	n. 운동 선수	really	adv. 정말로
answer	v. 대답하다	slowly	adv. 천천히
drive	v. 운전하다	smart	adj. 똑똑한
hard	adv. 열심히	snowy	adj. 눈이 오는
late	adv. 늦게	speak	v. 말하다
loudly	adv. 큰 소리로, 크게	too	adv. 너무
mall	n. 쇼핑몰	train	v. 훈련하다

🐚 **다음의 우리말 표현을 영어로 쓰시오.**

1   빨리 끝마치다   finish fast

2   너무 작은(small)

3   매우 귀여운(cute)

4   열심히 훈련하다

5   쉽게(easily) 대답하다

6   늦게까지 공부하다(study)

7   크게 말하다

8   정말로 맛있는(delicious)

9   잘(well) 연주하다(play)

10   천천히 운전하다

다음의 우리말 표현을 영어로 쓰시오.

1 <u>나는</u> <u>일을</u> <u>끝마친다.</u>

   <u>I</u> finish work.
   주어   동사   목적어

2 그 쇼핑몰은   작다 .

   _____

3 그 인형들은 (the dolls)   귀엽다 .

   _____

4 그 운동 선수들은   훈련한다 .

   _____

5 그 똑똑한 소년은   대답한다 .

   _____

6 그는   공부한다 (study).

   _____

7 그들은   말하지 않는다 .

   _____

8 그 쿠키들은 (the cookies)   맛있는   냄새가 난다 (smell).

   _____

9 너는   피아노를 (the piano)   연주한다 (play).

   _____

10 그는   버스를   운전한다 .

   _____

🐚 **다음의 우리말 표현을 영어로 쓰시오.**

1 나는 일을 빨리 끝마친다.

I finish work fast .

2 그 쇼핑몰은 너무 작다.

_____

3 그 인형들은 매우 귀엽다.

_____

4 그 운동 선수들은 열심히 훈련한다.

_____

5 그 똑똑한 소년은 쉽게 대답한다.

_____

6 그는 늦게까지 공부한다.

_____

7 그들은 크게 말하지 않는다.

_____

8 그 쿠키들은 정말로 맛있는 냄새가 난다.

_____

9 너는 피아노를 잘 연주한다.

_____

10 그는 버스를 천천히 운전한다.

_____

🐚 다음의 우리말 표현을 영어로 쓰시오.

1 나는 직장에서 일을 빨리 끝마친다.

I finish work fast at my job .

2 나의 마을에 있는 (in my town) 쇼핑몰은 너무 작다.

_____

3 그 장난감 가게에 있는 (in the toy store) 인형들은 매우 귀엽다.

_____

4 그 운동 선수들은 올림픽을 위해서 (for the Olympics) 열심히 훈련한다.

_____

5 그 똑똑한 소년은 그 질문에 (the question) 쉽게 대답한다.

_____

6 그는 그의 방에서 (in his room) 늦게까지 공부한다.

_____

7 그들은 수업 중에 (in class) 크게 말하지 않는다.

_____

8 부엌에 있는 (from the kitchen) 쿠키들은 정말로 맛있는 냄새가 난다.

_____

9 너는 콘서트에서 (at the concert) 피아노를 잘 연주한다.

_____

10 그는 눈이 오는 날에는 (on a snowy day) 버스를 천천히 운전한다.

_____

현재시제 1 (be동사)

 Writing에 필요한 문법

1. be동사 현재형의 형태

인칭에 따라 형태가 변한다.

주어	I	You / We / They	He / She / It
be동사	am	are	is

2. be동사의 현재시제 문장 맛보기

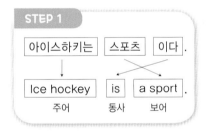

STEP 1

| 아이스하키는 | 스포츠 | 이다 |.

Ice hockey | is | a sport.
주어   동사   보어

STEP 2

아이스하키는 | 인기있는 | 스포츠이다.

Ice hockey is a | popular | sport.
형용사

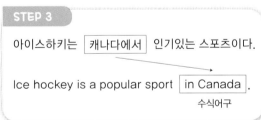

STEP 3

아이스하키는 | 캐나다에서 | 인기있는 스포츠이다.

Ice hockey is a popular sport | in Canada |.
수식어구

3. be동사가 사용된 현재시제의 쓰임

쓰임	예문	해석
사람, 사물의 현재 상태를 묘사할 때	I am tall. My book is on the shelf.	
일반적 사실, 정의, 과학적 사실을 묘사할 때	She is thin. The sun is round.	-이다, -에 있다
It is 구문은 시간, 날짜, 달, 날씨, 밝기 및 거리와 관련된 내용을 말할 때	It is 5 o'clock. It is Monday. It is sunny today. It is dark outside. It is very far.	

4. be동사가 사용된 현재시제의 기본 문장

종류	형태	예문
긍정문	주어(I)+am+보어~. 주어(You/They/We)+are+보어~. 주어(He/She/It)+is+보어~.	I am a doctor. The flowers are beautiful. Tom is tall.
부정문	주어(I)+am not+보어~. 주어(You/They/We)+are not(aren't)+보어~. 주어(He/She/It)+is not(isn't)+보어~.	I am not thin. They are not my classmates. It is not windy today.
의문문	Am+주어(I)+보어~? Are+주어(you/they/we)+보어~? Is+주어(he/she/it)+보어~?	Am I a good student? Are you busy? Is it sunny today?

* be동사 뒤에는 보어 외에 전치사구가 올 수도 있다.
Tom is in the classroom.

🐺 Writing에 필요한 문법 확인

A. 다음 중 알맞은 것을 고르시오.

1 (Am / Are / Is) he a good swimmer?

2 My brother (am not / are not / is not) tall.

3 Everland (am / are / is) in Korea.

4 It (am / are / is) cold in Chicago in winter.

5 I (am not / are not / is not) good at science.

B. be동사를 이용하여 현재시제 문장을 완성하시오.

1 The Statue of Liberty _____ in New York.

2 The cookies _____ not mine.

3 _____ you good at math?

4 My dog _____ smart.

5 I _____ a good teacher.

English	Korean	English	Korean
adorable	adj. 사랑스러운	famous	adj. 유명한
angry	adj. 화난	music	n. 음악
bear	n. 곰	near	prep. 근처에
be interested in	-에 관심이 있다	purple	adj. 보라색의
compact car	소형차	refrigerator	n. 냉장고
dancer	n. 무용수, 댄서	talented	adj. 재능이 있는
dangerous	adj. 위험한	writer	n. 작가

다음의 우리말 표현을 영어로 쓰시오.

1 아이스하키는 -이다   Ice hockey is _____

2 그녀는 -에 있다   _____

3 곰들은 -이다   _____

4 Jenny는 -해 있다   _____

5 그녀는 -이다   _____

6 나는 -에 있다   _____

7 Tom은 -이다   _____

8 이 냉장고는 -이다   _____

9 이것은 -이다   _____

10 그는 -이다   _____

🐚 **다음의 우리말 표현을 영어로 쓰시오.**

1 아이스하키는 스포츠 이다.

   Ice hockey is a sport.
   주어   동사 보어

2 그녀는   그 차 안에   있다 .

   _____

3 곰들은   동물들   이다 .

   _____

4 Jenny는   화나   있다 .

   _____

5 그녀는   댄서   이다 .

   _____

6 나는   음악에   관심이 있다 .

   _____

7 Tom은   고양이   이다 .

   _____

8 이 냉장고는   새로운 것 (new)   이다 .

   _____

9 이것은   갈색의 차   이다 .

   _____

10 그는   작가   이다 .

   _____

🐚 **다음의 우리말 표현을 영어로 쓰시오.**

1 아이스하키는 인기있는 스포츠이다.

Ice hockey is a popular sport.

2 그녀는 그 보라색 차 안에 있다.

_____

3 곰들은 위험한 동물들이다.

_____

4 Jenny는 매우 (very) 화나 있다.

_____

5 그녀는 재능이 있는 댄서이다.

_____

6 나는 R&B 음악에 관심이 있다.

_____

7 Tom은 사랑스러운 고양이이다.

_____

8 이 냉장고는 새로운 모델 (model) 이다.

_____

9 이것은 갈색의 소형 차이다.

_____

10 그는 유명한 작가이다.

_____

🐚 **다음의 우리말 표현을 영어로 쓰시오.**

1 아이스하키는 ☐캐나다에서☐ 인기있는 스포츠이다.

   Ice hockey is a popular sport ☐in Canada☐ .

   _____

2 그녀는 보라색 차 안에 ☐조용히☐ (quietly) 있다.

   _____

3 곰들은 ☐사람에게☐ (to humans) 위험한 동물들이다.

   _____

4 Jenny는 ☐나에게☐ (at me) 매우 화나 있다.

   _____

5 그녀는 ☐로열 발레단에 있는☐ (at the Royal Ballet School) 재능이 있는 댄서이다.

   _____

6 나는 ☐1990년대☐ (from the 1990s) R&B 음악에 관심이 있다.

   _____

7 Tom은 ☐집 근처의 산에서 온☐ (from the mountain near my house) 사랑스러운 고양이다.

   _____

8 이 냉장고는 ☐한국에서 온☐ (from Korea) 새로운 모델이다.

   _____

9 이것은 ☐미국에서 온☐ (from America) 갈색의 소형차이다.

   _____

10 그는 유명한 ☐일본☐ (Japanese) 작가이다.

   _____

Unit 6 현재시제 2 (일반동사)

 Writing에 필요한 문법

1. 일반동사 현재형의 형태

주어가 3인칭 단수일 때, 동사의 형태가 변한다.

* 3인칭 단수 : 나(1인칭)도 아니고, 너(2인칭)도 아닌 제 3의 사물, 사람이 한 개(명)일 때

주어	일반동사
I	play.
You / We / They	play.
He / She / It	plays.

2. 일반동사의 현재시제 문장 맛보기

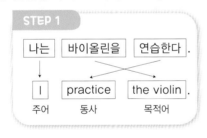

STEP 1

| 나는 | 바이올린을 | 연습한다 |

| I | practice | the violin |
| 주어 | 동사 | 목적어 |

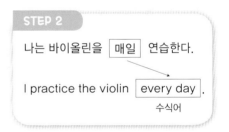

STEP 2

나는 바이올린을 매일 연습한다.

I practice the violin every day .
수식어

STEP 3

나는 나의 콘서트를 위해 바이올린을 매일 연습한다.

I practice the violin every day for my concert .
수식어구

3. 일반동사가 사용된 현재시제의 쓰임

쓰임	예문
반복되는 습관적인 행동을 묘사할 때	I usually have dinner at 7 p.m.
일반적 사실, 정의 및 과학적 사실을 묘사할 때	The Earth goes around the sun. She has black hair.
사람, 사물의 현재 동작 및 상태를 나타낼 때	She worries about the tests.

4. 일반동사가 사용된 현재시제의 기본 문장

종류	형태	예문
긍정문	주어(I/You/We/They)+일반동사 원형~. 주어(He/She/It)+일반동사 변화형~.	I practice soccer. He eats dinner.
부정문	주어(I/You/We/They)+do not(don't)+일반동사 원형~. 주어(He/She/It)+does not(doesn't)+일반동사 원형~.	I do not live in Busan. She does not like apples.
의문문	Do+주어(I/you/we/they)+일반동사 원형~? Does+주어(he/she/it)+일반동사 원형~?	Do you live in Seoul? Does she like apples?

5. 주어가 3인칭 단수일 때 일반동사 변화 규칙

동사의 끝	규칙	예시
대부분의 동사	-s를 덧붙인다.	practice → practices
-sh, -ch, -ss, -x	-es를 덧붙인다.	teach → teaches
자음 하나 + -y	-y는 -i로 바꾸고 -es를 붙인다.	dry → dries
모음 하나 + -y	-s를 붙인다.	play → plays

🐺 Writing에 필요한 문법 확인

A. 다음 중 알맞은 것을 고르시오.

1 (Do / Does) you have a dictionary?

2 My sister (do not / does not) drive to school.

3 63 building (is / are) in Seoul.

4 I (play / plays) golf.

5 I (do not / does not) study at night.

빈도부사의 쓰임	종류
상황이 얼마나 자주 일어나는 지를 묘사할 때	always, usually, often, sometimes, hardly, never
빈도부사의 위치	예문
be동사 뒤, 일반동사 앞	I am sometimes late for class. He always goes to church on Sundays.

B. 주어진 동사를 이용하여 현재시제 문장을 완성하시오.

1 She _____ the piano for the concert. (practice)

2 The cookies _____ very yummy. (look)

3 Do you _____ the name of the animal? (know)

4 My cat really _____ the toy. (like)

5 He _____ English. (not, speak)

Warm Up : 표현 만들기

English	Korean	English	Korean
always	adv. 항상	predator	n. 포식자, 포식 동물
board game	n. 보드게임	run	v. 달리다
cute	adj. 귀여운	spare time	n. 여가 시간
do homework	숙제를 하다	short story	짧은 이야기, 단편 소설
eat	v. 먹다	usually	adv. 보통
escape	v. 달아나다, 탈출하다	wear	v. 입다
happy	adj. 행복한	winter	n. 겨울

다음의 우리말 표현을 영어로 쓰시오.

1 나는 연습한다(practice)   I practice _____

2 그녀는 먹는다   _____

3 토끼들은 달린다   _____

4 그녀는 -해 보인다(look)   _____

5 그는 입는다   _____

6 나는 좋아한다   _____

7 우리는 하지 않는다(do)   _____

8 Julie는 공부한다   _____

9 나는 한다(play)   _____

10 그녀는 쓴다   _____

🐚 다음의 우리말 표현을 영어로 쓰시오.

1. 나는 바이올린을 연습한다.

   I practice the violin.
   주어 동사 목적어

2. 그녀는 아침을 먹는다.

   _____

3. 토끼들은 빠르게 달린다.

   _____

4. 그녀는 행복해 보인다.

   _____

5. 그는 바지를 (pants) 입는다.

   _____

6. 나는 스포츠를 (sports) 좋아한다.

   _____

7. 우리는 숙제를 하지 않는다.

   _____

8. Julie는 수학을 공부하니 ?

   _____

9. 나는 보드게임을 한다.

   _____

10. 그녀는 짧은 이야기들을 쓴다.

    _____

🐚 **다음의 우리말 표현을 영어로 쓰시오.**

1 나는 바이올린을 매일 연습한다.

   I practice the violin every day .

2 그녀는 맛있는 (delicious) 아침을 먹는다.

   _____

3 토끼들은 매우 (very) 빠르게 달린다.

   _____

4 그녀는 항상 행복해 보인다.

   _____

5 그는 검은 바지를 입는다.

   _____

6 나는 겨울 스포츠를 좋아한다.

   _____

7 우리는 보통 숙제를 하지 않는다.

   _____

8 Julie는 어려운 (difficult) 수학을 공부하니?

   _____

9 나는 재미있는 (fun) 보드게임을 한다.

   _____

10 그녀는 아주 멋진 (great) 짧은 이야기들을 쓴다.

   _____

🐚 다음의 우리말 표현을 영어로 쓰시오.

1 나는 나의 콘서트를 위해 바이올린을 매일 연습한다.

   I practice the violin every day   for my concert .

2 그녀는 그녀의 가족들과 함께 (with her family) 맛있는 아침을 먹는다.

   _____

3 토끼들은 포식동물로부터 달아나기 위해서 (to escape from their predators)
   매우 빠르게 달린다.

   _____

4 그녀는 그녀의 강아지 때문에 (because of her dog) 항상 행복해 보인다.

   _____

5 그는 일할 때 (at work) 검은 바지를 입는다.

   _____

6 나는 전세계에서 온 (from all around the world) 겨울 스포츠를 좋아한다.

   _____

7 우리는 보통 방과 후 바로는 (right after school) 숙제를 하지 않는다.

   _____

8 Julie는 그녀의 친구들과 함께 (with her friends) 어려운 수학을 공부하니?

   _____

9 나는 귀여운 남동생과 함께 (with my cute brother) 재미있는 보드게임을 한다.

   _____

10 그녀는 그녀의 여가 시간에 (in her spare time) 아주 멋진 짧은 이야기들을 쓴다.

   _____

More Practice

A. 주어진 단어를 사용하여 문장을 완성하시오.

1. Mary / finishes homework / always / after dinner / .

   _____

2. this car from Germany / very popular / is / in Korea / .

   _____

3. Gina / carefully listens to / in class / her teacher / .

   _____

4. Mom / in the morning / drinks coffee slowly / .

   _____

B. 다음 문장을 영작하시오.

1. 나의 가족은 종종 공원에서 배드민턴을 친다. (in the park)

   _____

2. 나는 나의 친구들과 함께 흥미로운 책들에 대해서 이야기한다. (talk about)

   _____

3. 나의 강아지가 소파에서 평화롭게 낮잠을 잔다. (peacefully nap)

   _____

4. 두 마리의 거북이가 느리게 모래 위에서 이동한다. (slowly move)

   _____

🐚 다음 날씨 표를 보고 주어진 동사를 사용하여 문장을 만드시오.

Weather		Seattle	New York	Chicago	Boston
☀			V		
🌬	lightly				
	gently				
	heavily				V
☂	lightly	V			
	gently				
	heavily				
⛄	lightly				
	gently			V	
	heavily				

It is sunny in New York.

The wind _____ in Boston. (blow)

_____ in Seattle. (rain)

_____ in Chicago. (snow)

과거시제 1 (be동사)

 Writing에 필요한 문법

1. be동사 과거형의 형태

인칭에 따라 형태가 변한다.

주어	I	You/We/They	He/She/It
be동사	was	were	was

2. be동사의 과거시제 문장 맛보기

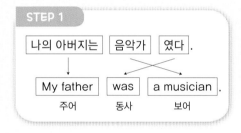

STEP 1

나의 아버지는 | 음악가 | 였다.

My father | was | a musician.
주어　　　 동사　　　 보어

STEP 2

나의 아버지는 | 유명한 | 음악가였다.

My father was a | famous | musician.
형용사

STEP 3

나의 아버지는 | 파리에서 | 유명한 음악가였다.

My father was a famous musician | in Paris |.
수식어구

3. be동사가 사용된 과거시제의 쓰임

쓰임	예문	해석
과거에 시작해서 과거에 끝난 상태를 묘사할 때	I was a teacher.	-였다,
과거의 일정기간 동안 지속되었던 상태를 묘사할 때	He was sick for five months.	-에 있었다

4. be동사가 사용된 과거시제의 기본 문장

종류	형태	예문
긍정문	주어(I)+was+보어~. 주어(You/They/We)+were+보어~. 주어(He/She/It)+was+보어~.	I was a doctor. The flowers were beautiful. Tom was a funny man.
부정문	주어(I)+was not(wasn't)+보어~. 주어(You/They/We)+were not(weren't)+보어~. 주어(He/She/It)+was not(wasn't)+보어~.	I was not thin. They were not my twin brothers. It was not windy yesterday.
의문문	Was+주어(I)+보어~? Were+주어(you/they/we)+보어~? Was+주어(he/she/it)+보어~?	Was I a good student? Were you busy last Sunday? Was it sunny yesterday?

* be동사 뒤에는 보어 외에 전치사구가 올 수도 있다.
  We were at the restaurant.

📢 Writing에 필요한 문법 확인

A. 다음 중 알맞은 것을 고르시오.

1 (Was / Were) he a soccer player?

2 The doctors (was not / were not) great.

3 My house (was / were) near the school.

4 It (was / were) very sunny last Wednesday.

5 I (was not / were not) good at history.

B. be동사를 이용하여 과거시제 문장을 완성하시오.

1 I _____ at the concert.

2 The boy _____ short a year ago.

3 _____ you an English teacher?

4 My cat _____ very small.

5 We _____ very good together.

English	Korean	English	Korean
already	adv. 이미, 벌써	late	adj. 늦은
amazing	adj. 놀라운	magic	n. 마술
busy	adj. 복잡한, 바쁜	mall	n. 쇼핑몰
calm	adj. 잔잔한, 고요한	often	adv. 종종, 자주
close	adj. 친한, 가까운	sick	adj. 아픈
famous	adj. 유명한	there	adv. 거기에
interesting	adj. 재미있는	very	adv. 매우

🐚 **다음의 우리말 표현을 영어로 쓰시오.**

1 나의 아버지는 -였다

My father was _____

2 그 노래가 -였다

_____

3 그 소설이 -였다

_____

4 그 쇼가 -였다

_____

5 그들은 -였다

_____

6 그녀는 -에 있었다

_____

7 Kevin은 -였다

_____

8 Jenny는 -였다

_____

9 그들은 -에 있었다

_____

10 그 차는 -에 있지 않았다

_____

🐚 **다음의 우리말 표현을 영어로 쓰시오.**

1 나의 아버지는 음악가 였다.

My father was a musician.
주어   동사   보어

2 그 노래가   아름다웠다 .

_____

3 그 소설이 (the novel) 재미있었다 .

_____

4 그 쇼가   놀라웠다 .

_____

5 그들은   친구들   이었다 .

_____

6 그녀는   그 쇼핑몰에   있었다 .

_____

7 Kevin은   아팠다 .

_____

8 Jenny는   늦었다 .

_____

9 그들은   학교에 (at school)   있었니 ?

_____

10 그 차는   거기에   있지 않았다 .

_____

🐚 **다음의 우리말 표현을 영어로 쓰시오.**

1 나의 아버지는 유명한 음악가였다.

   My father was a famous musician.

2 그 잔잔한 노래가 아름다웠다.

   _____

3 그 미스터리 (mystery) 소설이 재미있었다.

   _____

4 그 마술 쇼가 놀라웠다.

   _____

5 그들은 친한 친구들이었다.

   _____

6 그녀는 복잡한 쇼핑몰에 있었다.

   _____

7 Kevin은 매우 아팠다.

   _____

8 Jenny는 종종 늦었다.

   _____

9 그들은 이미 학교에 있었니?

   _____

10 그 파란색 차는 거기에 있지 않았다.

   _____

다음의 우리말 표현을 영어로 쓰시오.

1 나의 아버지는 파리에서 (in Paris) 유명한 음악가였다.

My father was a famous musician   in Paris .

_____

2 가게에서 나오는 (from the store) 잔잔한 노래가 아름다웠다.

_____

3 도서관의 (from the library) 미스터리 소설이 재미있었다.

_____

4 홀에서의 (at the hall) 마술쇼가 놀라웠다.

_____

5 그들은 오랜 기간 동안 (for a long time) 친한 친구들이었다.

_____

6 그녀는 그녀의 반 친구들과 함께 (with her classmates) 복잡한 쇼핑몰에 있었다.

_____

7 Kevin은 1년 동안 (for one year) 매우 아팠다.

_____

8 Jenny는 종종 모임에 (for meetings) 늦었다.

_____

9 그들은 그 행사 시작 전에 (before the event) 이미 학교에 있었니?

_____

10 그 파란색 차는 이틀 전에 (two days ago) 거기에 있지 않았다.

_____

과거시제 2 (일반동사)

 Writing에 필요한 문법

1. 일반동사 과거형의 형태

인칭에 상관없이 같은 형태의 동사 과거형을 쓴다.

주어	I	You / We / They	He / She / It
규칙 동사	played	played	played
불규칙 동사	ate	ate	ate

2. 일반동사의 과거시제 문장 맛보기

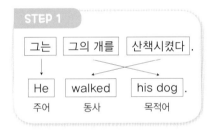

STEP 1

| 그는 | 그의 개를 | 산책시켰다 |.

| He | walked | his dog |.
주어   동사   목적어

STEP 2

그는 그의 | 귀여운 | 개를 산책시켰다.

He walked his | cute | dog.
형용사

STEP 3

그는 그의 귀여운 개를 | 하루에 두 번 | 산책시켰다.

He walked his cute dog | twice a day |.
수식어구

3. 일반동사가 사용된 과거시제의 쓰임

쓰임	예문
과거에 시작해서 과거에 끝난 상태나 동작을 묘사할 때	They played soccer on Sundays.
과거의 일정기간 동안 지속되었던 상태나 동작을 묘사할 때	He worked for the company for 10 years.
과거에 한 번 또는 습관적으로 했던 상태나 동작을 묘사할 때	I always studied hard before a test.

4. 일반동사가 사용된 과거시제의 기본 문장

종류	형태	예문
긍정문	주어+일반동사 과거형~.	I practiced soccer.
부정문	주어+did not(didn't)+일반동사 원형~.	She did not exercise yesterday.
의문문	Did+주어+일반동사 원형~?	Did she exercise?

5. 일반동사 과거형 만들기

동사의 끝	규칙	예시
-e	-d를 붙인다.	live → lived
자음 하나	-ed를 붙인다.	cook → cooked
자음 하나+-y	-y는 -i로 바꾸고 -ed를 붙인다.	try → tried
모음 하나+자음 하나	자음을 한 번 더 쓰고 -ed를 붙인다.	plan → planned
불규칙형		drive → drove

🐷 Writing에 필요한 문법 확인

A. 다음 중 알맞은 것을 고르시오.

1 Did you (go / went) to school yesterday?

2 Mom (made / maked) a cake for us.

3 I (saw / seed) you at the restaurant.

4 She (plaied / played) tennis every day.

5 They (do not / did not) call the police last night.

B. 주어진 동사를 이용하여 과거시제 문장을 완성하시오.

1 I _____ in Boston in 2016. (live)

2 They _____ in 2015. (get married)

3 Did it _____ hard yesterday? (snow)

4 He _____ in a hospital for a long time. (work)

5 You _____ the red dress. (not, buy)

C. 주어진 문장을 과거시제 문장으로 바꿔 쓰시오.

1 My watch stops working. _____

2 My car breaks down. _____

3 I have an important meeting. _____

4 She forgets her wallet. _____

5 He drives to campus. _____

Warm Up : 표현 만들기

English	Korean	English	Korean
action movie	액션 영화	see	v. 보다
enjoy	v. 즐기다	send	v. 보내다
great	adj. 근사한, 아주 멋진	sing a song	노래하다
go to a movie	영화 보러 가다	skirt	n. 치마
invitation	n. 초청	summer	n. 여름
last night	지난 밤에	vacation	n. 방학
long	adj. (기간, 길이가) 긴	write	v. 쓰다

다음의 우리말 표현을 영어로 쓰시오.

1 그는 (개를) 산책시켰다 He walked

2 나는 샀다(buy) _____

3 우리는 공부했다 _____

4 Jane은 보았다 _____

5 Rob은 썼다(write) _____

6 그들은 영화를 보러 갔다 _____

7 그녀는 즐겼다 _____

8 Kevin은 노래를 불렀다 _____

9 나는 먹었다 _____

10 우리는 보냈다 _____

🐚 **다음의 우리말 표현을 영어로 쓰시오.**

1 그는 그의 개를 산책시켰다.

He walked his dog.
주어   동사   목적어

2 나는 치마를 샀다 .

_____

3 우리는 수학을 (math) 공부했다 .

_____

4 Jane은 그녀의 친구들을 보았다 .

_____

5 Rob은 편지를 (a letter) 썼다 .

_____

6 그들은 액션 영화를 보러 갔다 .

_____

7 그녀는 그녀의 방학을 즐겼다 .

_____

8 Kevin은 아름다운 노래를 (beautiful song) 불렀다 .

_____

9 나는 저녁을 먹었다 .

_____

10 우리는 카드들을 보냈다 .

_____

🐚 다음의 우리말 표현을 영어로 쓰시오.

1 그는 그의 [귀여운] 개를 산책시켰다.

He walked his cute dog.

_____

2 나는 [빨간] 치마를 샀다.

_____

3 우리는 [어려운] 수학을 공부했다.

_____

4 Jane은 [그 쇼핑몰에서] (at the mall) 그녀의 친구들을 보았다.

_____

5 Rob은 [긴] 편지를 썼다.

_____

6 그들은 [그들의 부모님과 함께] (with their parents) 액션 영화를 보러 갔다.

_____

7 그녀는 그녀의 [여름] 방학을 즐겼다.

_____

8 Kevin은 [무대에서] (on stage) 아름다운 노래를 불렀다.

_____

9 나는 [근사한] 저녁을 먹었다.

_____

10 우리는 [초청] 카드들을 보냈다.

_____

다음의 우리말 표현을 영어로 쓰시오.

1 그는 그의 귀여운 개를 하루에 두 번 산책시켰다.

　　He walked his cute dog twice a day .
　　_____

2 나는 그 가게에서 (at the store) 빨간 치마를 샀다.

　　_____

3 우리는 기말고사를 위해 (for the final exam) 어려운 수학을 공부했다.

　　_____

4 Jane은 그 붐비는 (busy) 쇼핑몰에서 그녀의 친구들을 보았다.

　　_____

5 Rob은 지난 밤에 (last night) 긴 편지를 썼다.

　　_____

6 그들은 지난 월요일에 (last Monday) 그들의 부모님과 함께 액션 영화를 보러 갔다.

　　_____

7 그녀는 그녀의 여름 방학을 태국에서 (in Thailand) 즐겼다.

　　_____

8 Kevin은 Catherine을 위해 (for Catherine) 무대에서 아름다운 노래를 불렀다.

　　_____

9 나는 나의 가족과 (with my family) 근사한 저녁을 먹었다.

　　_____

10 우리는 우리의 친구들에게 (to our friends) 초청 카드들을 보냈다.

　　_____

There be

1. There be의 형태

시제	형태
현재	There is + 단수명사 There are + 복수명사
과거	There was + 단수명사 There were + 복수명사

2. There be 구문이 있는 문장 맛보기

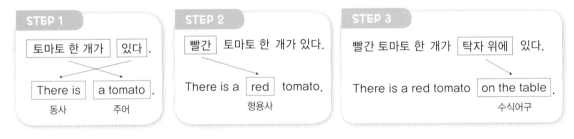

3. There be의 쓰임

쓰임	예문	해석
존재를 나타낼 때(주로 장소 표현과 함께)	There is a car under the tree. There are children in the pool.	-이/가 있다

4. There be 기본 문장

종류	형태	예문
긍정문	There+be동사+명사+장소~.	There are chairs in the room.
부정문	There+be동사+not+(any)+명사+장소~.	There aren't any chairs in the room.
의문문	be동사+there+명사+장소~?	Are there chairs in the room?

5. 장소를 표현하는 전치사

전치사	의미	전치사	의미
in	~안에	near	~근처에
on	~위에	next to	~옆에
under	~아래에	in front of	~앞에
behind	~뒤에	between A and B	A와 B 사이에

🐾 Writing에 필요한 문법 확인

A. 다음 중 알맞은 것을 고르시오.

1 There (is / are) a bench in the park.

2 There (was / were) many buildings in the city.

3 There (isn't / aren't) any books on the shelf.

4 There (wasn't / weren't) any water in the refrigerator.

5 (Is / Are) there a cafeteria in your school?

B. There be를 넣어 현재시제 문장을 완성하시오.

1 _____ many workers in your company?

2 _____ a letter in the mail box?

3 _____ a bookstore behind the restaurant?

4 _____ three boys in the yard?

5 _____ some cute T-shirts in the shop?

C. 알맞은 전치사를 넣어 문장을 완성하시오.

1 There are two cats _____ the tree. (나무 아래에)

2 There is a bicycle _____ the truck and the car. (트럭과 자동차 사이에)

3 There aren't any buildings _____ the church. (교회 뒤에)

4 There isn't any water _____ the glass. (유리잔 안에)

5 Is there a restaurant _____ the school? (학교 근처에)

English	Korean	English	Korean
backpack	n. 배낭	hot	adj. 뜨거운
bank	n. 은행	jar	n. 병, 단지
bridge	n. 다리	pond	n. 연못
cage	n. 우리	post office	n. 우체국
church	n. 교회	rabbit	n. 토끼
garden	n. 정원	river	n. 강
gym	n. 체육관	snack	n. 간식, 스낵

다음의 우리말 표현을 영어로 쓰시오.

1 탁자 위에   on the table

2 우리 안에

3 나의 집 근처에

4 체육관 뒤에

5 병 안에

6 정원 앞에

7 은행과 우체국 사이에

8 배낭 안에

9 책 옆에

10 다리 아래에

🐚 다음의 우리말 표현을 영어로 쓰시오.

1. <u>토마토 한 개가</u> <u>있다</u>.

   There is a tomato.

   동사 / 주어

2. 토끼 한 마리가 있다 .

   _____

3. 교회 하나가 있었다 .

   _____

4. 연못 하나가 있다 .

   _____

5. 물이 없다 .

   _____

6. 집 하나가 있었습니까 ?

   _____

7. 벤치들이 있습니까 ?

   _____

8. 간식들이 있다 .

   _____

9. 연필들이 (pencils) 없었다 .

   _____

10. 강 하나가 있습니까 ?

    _____

🐚 **다음의 우리말 표현을 영어로 쓰시오.**

1 빨간 토마토 한 개가 있다.

There is a red tomato.

2 흰색 토끼 한 마리가 있다.

_____

3 큰 (big) 교회 하나가 있었다.

_____

4 작은 연못 하나가 있다.

_____

5 뜨거운 물이 없다.

_____

6 아름다운 집 하나가 있었습니까?

_____

7 두 개의 벤치들이 있습니까?

_____

8 많은 간식들이 있다.

_____

9 새 연필들이 없었다.

_____

10 긴 강 하나가 있습니까?

_____

다음의 우리말 표현을 영어로 쓰시오.

1 빨간 토마토 한 개가 탁자 위에 있다.

   There is a red tomato on the table .
   _____

2 흰색 토끼 한 마리가 우리 안에 있다.

   _____

3 큰 교회 하나가 나의 집 근처에 있었다.

   _____

4 작은 연못 하나가 체육관 뒤에 있다.

   _____

5 뜨거운 물이 병 안에 없다.

   _____

6 아름다운 집 하나가 정원 앞에 있었습니까?

   _____

7 두 개의 벤치들이 은행과 우체국 사이에 있습니까?

   _____

8 많은 간식들이 배낭 안에 있다.

   _____

9 새 연필들이 책 옆에 없었다.

   _____

10 긴 강 하나가 다리 아래에 있습니까?

   _____

 **More Practice**

A. 주어진 단어를 사용하여 문장을 완성하시오.

1 yellow cups / on the table / many / There were / .

_____

2 David / every day last winter / practiced swimming / for four hours / .

_____

3 Mom / a delicious strawberry cake / for my birthday / made / .

_____

4 a good student / were / in high school / you / ?

_____

B. 다음 문장을 영작하시오.

1 나는 어제 여동생과 함께 하루 종일 집에 있었다. (all day long)

_____

2 그 공원 옆에 세 개의 높은 건물이 있다. (tall buildings)

_____

3 John은 지난 토요일에 그의 방에서 친구들과 함께 컴퓨터 게임을 했다.
(play computer games)

_____

4 너는 몇 분 전에 저 쪽에 있던 아름다운 무지개를 보았니? (a few minutes ago)

_____

🐚 Dave가 지난 주에 다녀온 놀이동산 소풍 스케줄을 보고 문장을 완성하시오.

Amusement Park Schedule

12:00	Have Lunch
13:00	Ride a Roller Coaster
14:00	See Animals
16:00	Eat Cotton Candy

Dave went to an amusement park with his friends last week. They had lunch at 12:00. _____ at 1 o'clock.

Then _____ at 2 o'clock.

They also _____ at 4 o'clock.

Dave and his friends _____ very happy at the amusement park.

미래시제

 Writing에 필요한 문법

1. 미래시제의 형태

- 인칭에 상관없이 항상 같은 형태를 갖는다.
- 주어＋will＋동사원형

2. 미래시제 문장 맛보기

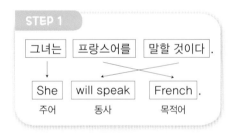

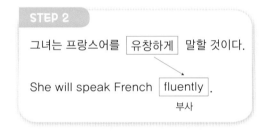

3. 미래시제의 쓰임

쓰임	예문	해석
미래에 있을 동작이나 상태를 말할 때	Henry will make dinner.	~할 것이다

4. 미래시제의 기본 문장

종류	형태	예문
긍정문	주어＋will＋동사원형~.	She will buy some socks.
부정문	주어＋will not(won't)＋동사원형~.	She will not(won't) buy vegetables.
의문문	Will＋주어＋동사원형~?	Will she buy some socks?

🔊 Writing에 필요한 문법 확인

A. 주어진 동사를 이용하여 미래시제 문장을 완성하시오.

1 Chris _____ next week. (go skiing)

2 The students in the class _____ this coming Thursday.
   (go on a picnic)

3 We _____ hard this weekend. (work)

4 Mom and Dad _____ a letter for Grandmother next month.
   (write)

5 _____ David _____ the book tomorrow?
   (pick up)

B. 보기의 단어를 이용하여 문장을 완성하시오.

| 보기 |
| make   leave   play   buy   meet |

1 Justin _____ here. (Justin은 여기를 떠날 것이다.)

2 Brian _____ his friends in August.
   (Brian은 8월에 그의 친구들을 만날 것이다.)

3 They _____ some books next week.
   (그들은 다음 주에 몇 권의 책들을 구입할 것이다.)

4 Mom _____ a sandwich for me.
   (엄마는 나를 위해 샌드위치를 만들어주실 것이다.)

5 We _____ basketball. (우리는 농구를 할 것이다.)

C. 다음 중 알맞은 것을 고르시오.

1 I (will buy / buy) a new dress next month.

2 John (had / will have) a nice dinner tomorrow.

3 Jenny (will use / used) your computer yesterday.

4 David (will give / gives) a birthday present to Jessica next week.

5 Sophia (will visit / visited) her grandparents last summer.

Warm Up : 표현 만들기

English	Korean	English	Korean
architect	n. 건축가	pass	v. 통과하다
complete	v. 끝마치다	powerful	adj. 강력한
damage	v. 손해를 입히다	puppy	n. 강아지
earthquake	n. 지진	repair	v. 수리하다
fluently	adv. 유창하게	the homeless	노숙자들
never	adv. 절대 -않다	volunteer	n. 자원봉사자
orphanage	n. 고아원	willingly	adv. 기꺼이

다음의 우리말 표현을 영어로 쓰시오.

1 그녀는 말할 것이다   She will speak _____

2 학생들은 방문할 것이다(visit) _____

3 자원봉사자들은 도와줄 것이다(help) _____

4 그 소년은 공부할 것이다 _____

5 그 지진은 손해를 입힐 것이다 _____

6 그 건축가는 지을 것이다(build) _____

7 그녀는 입양할 것이다(adopt) _____

8 Jessica는 끝마칠 것이다 _____

9 Jason은 수리할 것이다 _____

10 David는 통과할 것이다 _____

🐚 **다음의 우리말 표현을 영어로 쓰시오.**

1 그녀는 프랑스어를 말할 것이다.

   She will speak French.
   주어   동사   목적어

2 학생들은 고아원을 방문할 것이다 .

   _____

3 자원봉사자들은 노숙자들을 도와줄 것이다 .

   _____

4 그 소년은 영어를 공부할 것이다 .

   _____

5 그 지진은 그 마을에 (the town) 손해를 입힐 것이다 .

   _____

6 그 건축가는 건물을 지을 것이다 .

   _____

7 그녀는 강아지를 입양할 것이다 .

   _____

8 Jessica는 고등학교를 끝마칠 것이다 .

   _____

9 Jason은 그 변기를 (the toilet) 수리할 것이다 .

   _____

10 David는 그 시험을 통과할 것이다 .

   _____

🐚 **다음의 우리말 표현을 영어로 쓰시오.**

1   그녀는 프랑스어를   유창하게   말할 것이다.

   She will speak French   fluently .

   _____

2   학생들은   조만간 (soon) 고아원을 방문할 것이다.

   _____

3   자원봉사자들은   기꺼이   노숙자들을 도와줄 것이다.

   _____

4   그 소년은   미국에서 (in America) 영어를 공부할 것이다.

   _____

5   강력한   지진은 그 마을에 손해를 입힐 것이다.

   _____

6   그 건축가는   높은 (tall) 건물을 지을 것이다.

   _____

7   그녀는   귀여운 (cute) 강아지를 입양할 것이다.

   _____

8   Jessica는   성공적으로 (successfully) 고등학교를 끝마칠 것이다.

   _____

9   Jason은   오래된 (old) 변기를 수리할 것이다.

   _____

10   David는   절대 (never) 시험을 통과하지 못할 것이다.

   _____

다음의 우리말 표현을 영어로 쓰시오.

1 그녀는 프랑스어를   내년에   유창하게 말할 것이다.

   She will speak French fluently   next year .

   _____

2 학생들은 조만간   그들의 선생님과 함께 (with their teacher) 고아원을 방문할 것이다.

   _____

3 자원봉사자들은   여름방학 동안 (during the summer vacation) 기꺼이 노숙자들을
   도와줄 것이다.

   _____

4 그 소년은   한국 대신 (instead of Korea) 미국에서 영어를 공부할 것이다.

   _____

5   폭풍 후에 (after the storm), 강력한 지진은 그 마을에 손해를 입힐 것이다.

   _____

6 그 건축가는 높은 건물을   올해 말까지 (by the end of this year) 지을 것이다.

   _____

7 그녀는   4월달에 (in April) 귀여운 강아지를 입양할 것이다.

   _____

8 Jessica는   내년 2월에 (next February) 성공적으로 고등학교를 끝마칠 것이다.

   _____

9 Jason은 오래된 변기를   조심스럽게 (carefully) 수리할 것이다.

   _____

10   더 많은 노력 없이 (without more effort) David는 절대 시험에 통과하지 못할 것이다.

   _____

Unit 11 현재진행 시제

Writing에 필요한 문법

1. 현재진행 시제의 형태

주어+be동사의 현재형+V-ing

주어	be	V-ing	
I	am		
You/We/They	are	reading	a book.
He/She/It	is		

2. 현재진행 시제 문장 맛보기

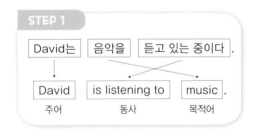

STEP 1

David는 / 음악을 / 듣고 있는 중이다 .

David / is listening to / music .
주어 / 동사 / 목적어

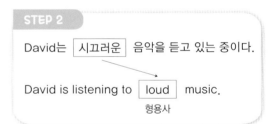

STEP 2

David는 시끄러운 음악을 듣고 있는 중이다.

David is listening to loud music.
형용사

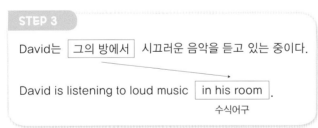

STEP 3

David는 그의 방에서 시끄러운 음악을 듣고 있는 중이다.

David is listening to loud music in his room .
수식어구

3. 현재진행 시제의 쓰임

쓰임	예문	해석
말하는 시점에 진행 중인 동작을 묘사할 때	Sophia is making a birthday cake for Mike.	-하고 있는 중이다
현재를 포함하여 일시적으로 하고 있는 일을 묘사할 때	David and I are taking Spanish classes this semester.	
이미 확정된 가까운 미래를 묘사할 때	The kids are performing at the party tomorrow.	-할 것이다

4. 현재진행 시제의 기본 문장

종류	형태	예문
긍정문	주어+be동사 현재형+V-ing~.	I am watching TV.
부정문	주어+be동사 현재형+not+V-ing~.	I am not doing homework.
의문문	be동사 현재형+주어+V-ing~?	Am I studying?

5. 동사를 진행형으로 만드는 규칙

동사의 끝	규칙	예시
대부분의 동사	-ing를 붙인다.	do → doing
-e	-e를 빼고 -ing를 붙인다.	make → making
모음 하나+자음 하나	자음을 하나 더 추가하고 -ing를 붙인다.	sit → sitting
-ie	-ie를 -y로 바꾸고 -ing를 붙인다.	lie → lying

6. 현재진행형을 쓰지 않는 동사

감정, 소유, 지각, 인지 등의 상태를 나타내는 동사는 진행형으로 쓰지 않는다.

종류	예시
감정동사	hate, like, love, prefer
소유동사	have, own, possess
지각동사	see, hear, sound, smell, taste
인지동사	know, believe, understand, think, need
기타동사	contain, consist, resemble, cost, want

🎙️ Writing에 필요한 문법 확인

A. 주어진 동사를 이용하여 현재진행 시제 문장을 완성하시오.

1 Sam _____ the broken printer. (fix)

2 Some students _____ basic Spanish. (learn)

3 The train _____. Please step back. (approach)

4 I _____ as a programmer. (work)

5 David _____ a picture now. (draw)

B. 다음 중 알맞은 것을 고르시오.

1 You (look / are looking) sick.

2 (Do you have / Are you having) coffee now?

3 Mike (looks for / is looking for) you now.

4 The baker (tastes / is tasting) the cake now.

5 I think many people (believe / are believing) in God.

다음의 동사들이 동작을 나타낼 때에는 진행형을 쓸 수 있다.

	동작(진행형 ○)
cost	비용을 계산하다
have	(시간을) 보내다, -을 먹다
look	-을 보다(look at), -을 찾다(look for)
smell	-의 냄새를 맡다
taste	-을 맛보다
think	-에 대해 생각하다(of)
weight	-의 무게를 재다

Warm Up : 표현 만들기

English	Korean	English	Korean
colorful	adj. 화려한 색상의	play the piano	피아노를 연주하다
expensive	adj. 비싼	refrigerator	n. 냉장고
fix	v. 수리하다	scary	adj. 무서운
garage	n. 차고	wash	v. 씻다, (세탁물 등을) 빨다
library	n. 도서관	watch	v. 보다
listen to	-을/를 듣다	with passion	열정을 가지고
mask	n. 가면	write	v. 쓰다

다음의 우리말 표현을 영어로 쓰시오.

1 David는 듣고 있는 중이다   David is listening

2 나는 보고 있는 중이다

3 그녀는 마시고 있는 중이다(drink)

4 그 학생들은 그리고 있는 중이다(draw)

5 당신은 먹고 있는 중이다

6 Jay는 만들고 있는 중이다

7 그 학생들은 쓰고 있는 중이다

8 그는 씻고 있는 중이다

9 그들은 수리하고 있는 중이다

10 그 소년은 연주하고 있는 중이다

🐚 **다음의 우리말 표현을 영어로 쓰시오.**

1   David는   음악을   듣고 있는 중이다.
     ↓
     David   is listening to   music.
     주어   동사   목적어

2   나는   영화를   보고 있는 중이다 .

_____

3   그녀는   물을   마시고 있는 중이다 .

_____

4   그 학생들은   사과들을   그리고 있는 중이다 .

_____

5   당신은   저녁을   먹고 있는 중이다 .

_____

6   Jay는   가면을   만들고 있는 중이다 .

_____

7   그 학생들은   에세이를 (an essay)   쓰고 있는 중이다 .

_____

8   그는   그의 손들을   씻고 있는 중이다 .

_____

9   그들은   그 차를   수리하고 있는 중이다 .

_____

10   그 소년은   피아노를   연주하고 있는 중이다 .

_____

🐚 **다음의 우리말 표현을 영어로 쓰시오.**

1 David는 <u>시끄러운</u> 음악을 듣고 있는 중이다.

   David is listening to loud music.

   _____

2 나는 <u>무서운</u> 영화를 보고 있는 중이다.

   _____

3 그녀는 <u>차가운</u> (cold) 물을 마시고 있는 중이다.

   _____

4 그 학생들은 <u>빨간</u> 사과들을 그리고 있는 중이다.

   _____

5 당신은 <u>비싼</u> 저녁을 먹고 있는 중이다.

   _____

6 Jay는 <u>화려한 색상의</u> 가면을 만들고 있는 중이다.

   _____

7 그 학생들은 <u>긴</u> (long) 에세이를 쓰고 있는 중이다.

   _____

8 그는 그의 <u>더러운</u> (dirty) 손들을 씻고 있는 중이다.

   _____

9 그들은 <u>오래된</u> (old) 차를 수리하고 있는 중이다.

   _____

10 그 <u>어린</u> (young) 소년은 피아노를 연주하고 있는 중이다.

   _____

🐚 **다음의 우리말 표현을 영어로 쓰시오.**

1 David는 그의 방에서 시끄러운 음악을 듣고 있는 중이다.

David is listening to loud music in his room .

2 나는 거실에서 (in the living room) 무서운 영화를 보고 있는 중이다.

_____

3 그녀는 냉장고의 (from the refrigerator) 차가운 물을 마시고 있는 중이다.

_____

4 그 학생들은 교실에서 (in the classroom) 빨간 사과들을 그리고 있는 중이다.

_____

5 당신은 레스토랑에서 (in the restaurant) 비싼 저녁을 먹고 있는 중이다.

_____

6 Jay는 미술 시간에 (in art class) 화려한 색상의 가면을 만들고 있는 중이다.

_____

7 그 학생들은 학교 도서관에서 (in the school library) 긴 에세이를 쓰고 있는 중이다.

_____

8 그는 비누로 (with soap) 그의 더러운 손들을 씻고 있는 중이다.

_____

9 그들은 차고에서 (in the garage) 오래된 차를 수리하고 있는 중이다.

_____

10 그 어린 소년은 열정을 가지고 피아노를 연주하고 있는 중이다.

_____

Unit 12 과거진행 시제

 Writing에 필요한 문법

1. 과거진행 시제의 형태

주어+be동사의 과거형+V-ing

주어	be	V-ing	
I	was		
You/We/They	were	having	lunch.
He/She/It	was		

2. 과거진행 시제 문장 맛보기

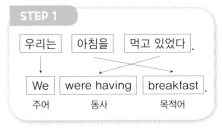

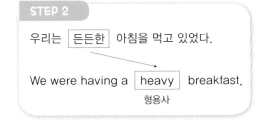

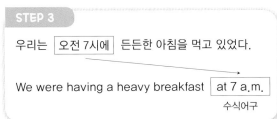

3. 과거진행 시제의 쓰임

쓰임	예문	해석
과거 어느 한 시점에서 진행되고 있었던 행동을 묘사할 때	William was reading a book in the living room.	-하고 있었다, -하는 중이었다

4. 과거진행 시제의 기본 문장

종류	형태	예문
긍정문	주어+be동사 과거형+V-ing~.	I was listening to music.
부정문	주어+be동사 과거형+not+V-ing~.	She was not watching TV.
의문문	be동사 과거형+주어+V-ing~?	Were they studying?

Writing에 필요한 문법 확인

A. 주어진 동사를 이용하여 과거진행 시제 문장을 완성하시오.

1 Jessica _____ her car. (drive)

2 The children _____ water. (drink)

3 Hanna lost her map. She _____ it. (look for)

4 Mom and Dad _____ a birthday cake for me. (make)

5 _____ David _____ a picture? (take)

B. 주어진 동사를 이용하여 문장을 완성하시오.

1 Sally _____ her fingernails. (bite)
(Sally는 손톱을 깨물었다.)

2 Sally _____ her fingernails. (bite)
(Sally는 손톱을 깨물고 있었다.)

3 They _____ a walk. (take)
(그들은 산책을 했다.)

4 They _____ a walk. (take)
(그들은 산책 중이었다.)

5 We _____ soccer. (play)
(우리는 축구를 하고 있었다.)

English	Korean	English	Korean
allowance	n. 용돈	leave	v. 떠나다
businessman	n. 사업가	paint	v. (물감 등으로) 색칠하다
city	n. 도시	rare	adj. 진귀한, 드문
collect	v. 수집하다	ride a horse	말을 타다
comfortable	adj. 편한	special	adj. 특별한
hike	n. 하이킹, 도보 여행	visit	v. 방문하다
historic	adj. 역사적으로 중요한	wear	v. (신발 등을) 신다

🐚 **다음의 우리말 표현을 영어로 쓰시오.**

1 우리는 먹고 있었다　　　　　　We were eating (having)

2 그는 만나고 있었다

3 Brian과 Justin은 신고 있었다

4 그 아이는 (물감으로) 색칠하고 있었다

5 David는 말을 타고 있었다

6 나의 여동생은 수집하고 있었다

7 그녀는 떠나고 있었다

8 Mr. Kim은 마시고 있었다

9 Sophia는 만들고 있었다

10 나는 방문 중이었다

🐚 **다음의 우리말 표현을 영어로 쓰시오.**

1 우리는 아침을 먹고 있었다.

We were having breakfast.
주어   동사   목적어

2 그는 그 사업가들을 만나고 있었다 .

_____

3 Brian과 Justin은 워킹 슈즈를 (walking shoes) 신고 있었다 .

_____

4 그 아이는 자동차들을 (물감으로) 색칠하고 있었다 .

_____

5 David는 갈색 말을 타고 있었다 .

_____

6 나의 여동생은 우표를 (stamps) 수집하고 있었다 .

_____

7 그녀는 그 집을 떠나고 있었다 .

_____

8 Mr. Kim은 커피를 마시고 있었다 .

_____

9 Sophia는 음식을 만들고 있었다 .

_____

10 나는 그 도시들을 방문 중이었다 .

_____

🐚 **다음의 우리말 표현을 영어로 쓰시오.**

1 우리는 든든한 아침을 먹고 있었다.

   We were having a heavy breakfast.
   _____

2 그는 중요한 (important) 사업가들을 만나고 있었다.

   _____

3 Brian과 Justin은 편한 워킹 슈즈를 신고 있었다.

   _____

4 그 아이는 많은 자동차들을 (물감으로) 색칠하고 있었다.

   _____

5 David는 해변 근처에서 (by the beach) 갈색 말을 타고 있었다.

   _____

6 나의 여동생은 진귀한 우표를 수집하고 있었다.

   _____

7 그녀는 그 오래된 (old) 집을 떠나고 있었다.

   _____

8 Mr. Kim은 진한 (strong) 커피를 마시고 있었다.

   _____

9 Sophia는 특별한 음식을 만들고 있었다.

   _____

10 나는 역사적으로 중요한 도시들을 방문 중이었다.

   _____

🐚 **다음의 우리말 표현을 영어로 쓰시오.**

1 우리는 오전 7시에 든든한 아침을 먹고 있었다.

   We were having a heavy breakfast at 7 a.m.

   _____

2 그는 그 호텔에서 (at the hotel) 중요한 사업가들을 만나고 있었다.

   _____

3 Brian과 Justin은 도보 여행을 위해 (for a hike) 편한 워킹 슈즈를 신고 있었다.

   _____

4 그 아이는 벽 위에 (on the wall) 많은 자동차들을 (물감으로) 색칠하고 있었다.

   _____

5 David는 아침에 (in the morning) 해변 근처에서 갈색 말을 타고 있었다.

   _____

6 나의 여동생은 용돈으로 (with her allowance) 진귀한 우표를 수집하고 있었다.

   _____

7 그녀는 강 근처에 있는 (by the river) 그 오래된 집을 떠나고 있었다.

   _____

8 Mr. Kim은 설탕을 넣지 않은 채 (without sugar) 진한 커피를 마시고 있었다.

   _____

9 Sophia는 부엌에서 (in the kitchen) 특별한 음식을 만들고 있었다.

   _____

10 나는 2016년도 여름 동안 (during the summer of 2016) 역사적으로 중요한 도시들을
    방문 중이었다.

   _____

More Practice

A. 주어진 단어를 사용하여 문장을 완성하시오.

1　my brother and I / at the time / having a fight / were / .

_____

2　my class / go on a picnic / tomorrow / will / at the park / .

_____

3　Rob / will / for the math test / study very hard / for many hours / .

_____

4　everyone / enjoying / is / the birthday party / ?

_____

B. 다음 문장을 영작하시오.

1　Gina는 그 콘서트를 위해 매일 세 시간씩 바이올린을 연습할 것이다. (practice the violin)

_____

2　Jessica는 다음 주 토요일에 그 공원 근처에 있는 수영장에 갈 것이다. (swimming pool near the park)

_____

3　나는 그 해변에서 나의 부모님과 함께 큰 모래성을 만들고 있다. (at the beach)

_____

4　나는 그 때 나의 강아지에게 목욕을 해 주고 있었다. (give a bath, at the time)

_____

🐚 그림에 나오는 등장인물들의 행동을 과거진행 시제 문장으로 묘사하시오.

1 David was playing the guitar in his room.

2 Justin _____ in the room.

3 Brian _____ in the living room.

4 Kelly and Naomi _____ in the kitchen.

5 Sophia _____ in the living room.

^{unit} 1 문장이란?

[Writing에 필요한 문법 확인]　　　　p.7

A. 1, 4, 5

B. 1 I　2 have　3 catch　4 eats　5 are

C. 1 I love you.

　2 They practice the piano.

　3 Dogs run fast.

　4 Cats like fish.

　5 You speak English.

[Warm Up : 표현 만들기]　　　　p.8

2 watch　3 have　4 eat　5 like　6 teach

7 speak　8 read　9 play　10 visit

[Step 1 : 문장 시작하기]　　　　p.9

2 You watch.　3 I have.　4 I eat.　5 I like.

6 I teach.　7 I speak.　8 You read.

9 I play.　10 You visit.

[Step 2 : 문장 완성하기]　　　　p.10

2 You watch TV .　3 I have books .

4 I eat an apple .　5 I like the toys .

6 I teach science .　7 I speak English .

8 You read a comic book .

9 I play with my cat .

10 You visit your grandmother .

[Step 3 : 문장 꾸미기]　　　　p.11

2 You watch TV in the living room .

3 I have books in my room .

4 I eat an apple in the morning .

5 I like the toys at the toy store .

6 I teach science in elementary school .

7 I speak English in Australia .

8 You read a comic book in the park .

9 I play with my cat in my house .

10 You visit your grandmother every Friday .

^{unit} 2 문장의 구성 요소

[Writing에 필요한 문법 확인]　　　　p.13

A. 1 (I)(watch) TV.

　2 (He)(is) my boyfriend.

　3 (You)(see) dogs.

　4 (They)(work) for the company.

　5 (She)(walks).

B. 1 David loves (my paintings).

　2 I like (orange juice).

　3 You do not wear (jeans).

　4 The cookies smell (good).

　5 I feel (great).

C. 1 He is at the concert.

　2 I play the guitar.

　3 She is my sister.

　4 Cheetahs run fast.

　5 Mom watches a movie.

[Warm Up : 표현 만들기]　　　　p.14

2 try on　3 have　4 make　5 wear

6 bake　7 drink　8 see　9 eat　10 visit

[Step 1 : 문장 시작하기]　　　　p.15

2 I try on.　3 I have.　4 You make.

5 I wear.　6 I bake.　7 I drink.

8 The children see.　9 They eat.

10 I visit.

[Step 2 : 문장 완성하기]　　　　p.16

2 I try on a dress .

3 I have a doll .

4 You make food .

5 I wear a hat .

6 I bake cookies .

7 I drink water .

8 The children see animals .

9 They eat pizza .

10 I visit my teacher .

[Step 3 : 문장 꾸미기]   p.17

2 I try on a dress at the clothing store .

3 I have a doll in the living room .

4 You make food in the kitchen .

5 I wear a hat every Saturday .

6 I bake cookies for my kids .

7 I drink water after a meal .

8 The children see animals at the zoo .

9 They eat pizza at the birthday party .

10 I visit my teacher once a month .

Unit 3 형용사

[Writing에 필요한 문법 확인]   p.19

A. 1 expensive   2 short   3 delicious
   4 is nice   5 happy

B. 1 beautifully → beautiful
   2 softly → soft
   3 famously → famous
   4 interestingly → interesting
   5 sweetly → sweet

C. 1 Gina is a v girl.
   2 The pancake on the plate smells v.
   3 The v dress is mine.
   4 His new house looks v.
   5 Mr. White is a v worker in the company.

[Warm Up : 표현 만들기]   p.20

2 many plants   3 the faithful dog
4 the tall boy   5 funny movies
6 the delicious food   7 their young son
8 many pictures   9 interesting stories
10 most students

[Step 1 : 문장 시작하기]   p.21

2 He has plants.

3 The dog saves his owner.

4 The boy doesn't look kind.

5 I watch movies.

6 The food smells good.

7 Their son looks excited.

8 They take pictures.

9 I read stories.

10 Students feel nervous.

[Step 2 : 문장 완성하기]   p.22

2 He has many plants.

3 The faithful dog saves his owner.

4 The tall boy doesn't look kind.

5 I watch funny movies.

6 The delicious food smells good.

7 Their young son looks excited.

8 They take many pictures.

9 I read interesting stories.

10 Most students feel nervous.

[Step 3 : 문장 꾸미기]   p.23

2 He has many plants in the veranda .

3 The faithful dog saves his owner from
   danger .

4 The tall boy on the bench doesn't look kind.

5 I watch funny movies in my free time .

6 The delicious food in the pot smells good.

7 Their young son looks excited in the
   amusement park .

8 They take many pictures in the park .

9 I read interesting stories in the library .

10 Most students feel nervous during the test .

Check Up 1. Unit 1~3
[More Practice]   p.24

A. 1 The girls walk to school every day.
   2 My cats like to play at night.
   3 The food from the restaurant smells
     delicious.
   4 The baby feels happy on her little bed. /
     The baby on her little bed feels happy.

B. 1 She wakes up late in the morning.

2 My mom drinks coffee after a meal.

3 Your dog likes to take a nap.

4 The yellow umbrella is in my backpack.

[Creative Thinking Activity]   p.25

I am Kevin. I like chocolate chip cookies. They are big and round, and they have many small chocolate chips in them. They taste very sweet and delicious!

 부사

[Writing에 필요한 문법 확인]   p.27

A. 1 carefully   2 easily   3 smart   4 loud
   5 very cute

B. 1 happily → happy
   2 fastly → fast
   3 heavy → heavily
   4 happy very → very happy
   5 hardly → hard

C. 1 Jason studies math ∨ hard.
   2 She did the job ∨.
   3 Mothers take care of their babies very ∨.
   4 My father came home ∨ today.
   5 Catherine goes to school ∨ every day.

[Warm Up : 표현 만들기]   p.28

2 too small   3 very cute   4 train hard
5 answer easily 6 study late
7 speak loudly   8 really delicious
9 play well   10 drive slowly

[Step 1 : 문장 시작하기]   p.29

2 The mall is small.

3 The dolls are cute.

4 The athletes train.

5 The smart boy answers.

6 He studies.

7 They don't speak.

8 The cookies smell delicious.

9 You play the piano.

10 He drives a bus.

[Step 2 : 문장 완성하기]   p.30

2 The mall is too small.

3 The dolls are very cute.

4 The athletes train hard .

5 The smart boy answers easily .

6 He studies late .

7 They don't speak loudly .

8 The cookies smell really delicious.

9 You play the piano well .

10 He drives a bus slowly .

[Step 3 : 문장 꾸미기]   p.31

2 The mall in my town is too small.

3 The dolls in the toy store are very cute.

4 The athletes train hard for the Olympics .

5 The smart boy answers the question easily.
   / The smart boy easily answers the question .

6 He studies late in his room .

7 They don't speak loudly in class .

8 The cookies from the kitchen smell really delicious.

9 You play the piano well at the concert .

10 He drives a bus slowly on a snowy day . / He slowly drives a bus on a snowy day .

현재시제 1 (be동사)

[Writing에 필요한 문법 확인]   p.33

A. 1 Is   2 is not   3 is   4 is   5 am not
B. 1 is   2 are   3 Are   4 is   5 am

[Warm Up : 표현 만들기]   p.34

2 She is   3 Bears are   4 Jenny is   5 She is
6 I am   7 Tom is   8 This refrigerator is
9 This is   10 He is

[Step 1 : 문장 시작하기]   p.35

2 She is in the car.

3 Bears are animals.

4 Jenny is angry.   5 She is a dancer.

6 I am interested in music.   7 Tom is a cat.

8 This refrigerator is new.

9 This is a brown car.   10 He is a writer.

[Step 2 : 문장 완성하기]   p.36

2 She is in the purple car.

3 Bears are dangerous animals.

4 Jenny is very angry.

5 She is a talented dancer.

6 I am interested in R&B music.

7 Tom is an adorable cat.

8 This refrigerator is a new model .

9 This is a brown compact car.

10 He is a famous writer.

[Step 3 : 문장 꾸미기]   p.37

2 She is in the purple car quietly .

3 Bears are dangerous animals to humans .

4 Jenny is very angry at me .

5 She is a talented dancer at the Royal Ballet
   School .

6 I am interested in R&B music from the 1990s .

7 Tom is an adorable cat from the mountain
   near my house .

8 This refrigerator is a new model from Korea .
   / This refrigerator from Korea is a new
   model.

9 This is a brown compact car from America .

10 He is a famous Japanese writer.

Unit 6 현재시제 2 (일반동사)

[Writing에 필요한 문법 확인]   p.39-40

A. 1 Do   2 does not   3 is   4 play   5 do not

B. 1 practices   2 look   3 know   4 likes

5 does not speak

[Warm Up : 표현 만들기]   p.40

2 She eats   3 Rabbits run   4 She looks

5 He wears   6 I like   7 We don't do

8 Julie studies   9 I play   10 She writes

[Step 1 : 문장 시작하기]   p.41

2 She eats breakfast.   3 Rabbits run fast.

4 She looks happy.   5 He wears pants.

6 I like sports.

7 We don't do (our) homework.

8 Does Julie study math?

9 I play a board game.

10 She writes short stories.

[Step 2 : 문장 완성하기]   p.42

2 She eats delicious breakfast.

3 Rabbits run very fast.

4 She always looks happy.

5 He wears black pants.

6 I like winter sports.

7 We don't usually do (our) homework.

8 Does Julie study difficult math?

9 I play a fun board game.

10 She writes great short stories.

[Step 3 : 문장 꾸미기]   p.43

2 She eats delicious breakfast with her
   family .

3 Rabbits run very fast to escape from their
   predators .

4 She always looks happy because of her dog .

5 He wears black pants at work .

6 I like winter sports from all around the
   world .

7 We don't usually do (our) homework right
   after school .

8 Does Julie study difficult math with her
   friends ?

9 I play a fun board game with my cute brother .

10 She writes great short stories in her spare time .

Check Up 2. Unit 4-6

[More Practice]   p.44

A. 1 Mary always finishes homework after dinner.

2 This car from Germany is very popular in Korea.

3 Gina carefully listens to her teacher in class.

4 Mom drinks coffee slowly in the morning.

B. 1 My family often plays badminton in the park.

2 I talk about interesting books with my friends.

3 My dog peacefully naps on the sofa (couch).

4 Two turtles slowly move on the sand.

[Creative Thinking Activity]   p.45

The wind blows heavily in Boston.
It rains lightly in Seattle.
It snows gently in Chicago.

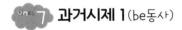 **과거시제 1** (be동사)

[Writing에 필요한 문법 확인]   p.47

A. 1 Was   2 were not   3 was   4 was
   5 was not

B. 1 was   2 was   3 Were   4 was   5 were

[Warm Up : 표현 만들기]   p.48

2 The song was   3 The novel was
4 The show was   5 They were   6 She was
7 Kevin was   8 Jenny was   9 They were
10 The car was not

[Step 1 : 문장 시작하기]   p.49

2 The song was beautiful.
3 The novel was interesting.
4 The show was amazing.
5 They were friends.
6 She was in the mall.
7 Kevin was sick.
8 Jenny was late.
9 Were they at school?
10 The car was not there.

[Step 2 : 문장 완성하기]   p.50

2 The calm song was beautiful.
3 The mystery novel was interesting.
4 The magic show was amazing.
5 They were close friends.
6 She was in the busy mall.
7 Kevin was very sick.
8 Jenny was often late.
9 Were they already at school?
10 The blue car was not there.

[Step 3 : 문장 꾸미기]   p.51

2 The calm song from the store was beautiful.

3 The mystery novel from the library was interesting.

4 The magic show at the hall was amazing.

5 They were close friends for a long time .

6 She was in the busy mall with her classmates .

7 Kevin was very sick for one year .

8 Jenny was often late for meetings .

9 Were they already at school before the event ?

10 The blue car was not there two days ago .

Unit 8 과거시제 2 (일반동사)

[Writing에 필요한 문법 확인] p.53-54

A. 1 go 2 made 3 saw 4 played
  5 did not

B. 1 lived 2 got married 3 snow 4 worked
  5 did not buy

C. 1 My watch stopped working.
  2 My car broke down.
  3 I had an important meeting.
  4 She forgot her wallet.
  5 He drove to campus.

[Warm Up : 표현 만들기] p.54

2 I bought   3 We studied   4 Jane saw
5 Rob wrote   6 They went to a movie
7 She enjoyed 8 Kevin sang a song
9 I ate(had)   10 We sent

[Step 1 : 문장 시작하기] p.55

2 I bought a skirt.   3 We studied math.
4 Jane saw her friends.   5 Rob wrote a letter.
6 They went to an action movie.
7 She enjoyed her vacation.
8 Kevin sang a beautiful song.
9 I ate(had) dinner.   10 We sent cards.

[Step 2 : 문장 완성하기] p.56

2 I bought a red skirt.
3 We studied difficult math.
4 Jane saw her friends at the mall .
5 Rob wrote a long letter.
6 They went to an action movie with their
  parents .
7 She enjoyed her summer vacation.
8 Kevin sang a beautiful song on stage .
9 I ate(had) a great dinner.
10 We sent invitation cards.

[Step 3 : 문장 꾸미기] p.57

2 I bought a red skirt at the store .
3 We studied difficult math for the final exam .
4 Jane saw her friends at the busy mall .
5 Rob wrote a long letter last night .
6 They went to an action movie with their
  parents last Monday .
7 She enjoyed her summer vacation in
  Thailand .
8 Kevin sang a beautiful song for Catherine .
9 I ate(had) a great dinner with my family .
10 We sent invitation cards to our friends .

Unit 9 There be

[Writing에 필요한 문법 확인] p.59-60

A. 1 is 2 were 3 aren't 4 wasn't 5 Is
B. 1 Are there 2 Is there 3 Is there
   4 Are there 5 Are there
C. 1 under 2 between 3 behind 4 in
   5 near

[Warm Up : 표현 만들기] p.60

2 in the cage   3 near my house
4 behind the gym   5 in the jar
6 in front of the garden
7 between the bank and the post office
8 in the backpack   9 next to the book
10 under the bridge

[Step 1 : 문장 시작하기] p.61

2 There is a rabbit.
3 There was a church.
4 There is a pond.
5 There isn't any water.
6 Was there a house?
7 Are there benches?
8 There are snacks.

9 There weren't any pencils.

10 Is there a river?

[Step 2 : 문장 완성하기]   p.62

2 There is a white rabbit.

3 There was a big church.

4 There is a small pond.

5 There isn't any hot water.

6 Was there a beautiful house?

7 Are there two benches?

8 There are many snacks.

9 There weren't any new pencils.

10 Is there a long river?

[Step 3 : 문장 꾸미기]   p.63

2 There is a white rabbit in the cage .

3 There was a big church near my house .

4 There is a small pond behind the gym .

5 There isn't any hot water in the jar .

6 Was there a beautiful house in front of the garden ?

7 Are there two benches between the bank and the post office ?

8 There are many snacks in the backpack .

9 There weren't any new pencils next to the book .

10 Is there a long river under the bridge ?

Check Up 3. Unit 7-9

[More Practice]   p.64

A. 1 There were many yellow cups on the table.

2 David practiced swimming for four hours every day last winter.

3 Mom made a delicious strawberry cake for my birthday.

4 Were you a good student in high school?

B. 1 I was(stayed) at home with my sister all day long yesterday.

2 There are three tall buildings next to the park.

3 John played computer games with (his) friends in his room last Saturday.

4 Did you see the beautiful rainbow over there a few minutes ago?

[Creative Thinking Activity]   p.65

Dave went to an amusement park with his friends last week. They had lunch at 12:00. They rode a roller coaster at 1 o'clock. Then they saw animals at 2 o'clock. They also ate cotton candy at 4 o'clock. Dave and his friends were very happy at the amusement park.

Unit 10 미래시제

[Writing에 필요한 문법 확인]   p.67-68

A. 1 will go skiing   2 will go on a picnic

3 will work   4 will write

5 Will, pick up

B. 1 will leave   2 will meet   3 will buy

4 will make   5 will play

C. 1 will buy   2 will have   3 used

4 will give   5 visited

[Warm Up : 표현 만들기]   p.68

2 Students will visit   3 Volunteers will help

4 The boy will study

5 The earthquake will damage

6 The architect will build

7 She will adopt   8 Jessica will complete

9 Jason will repair   10 David will pass

[Step 1 : 문장 시작하기]   p.69

2 Students will visit an orphanage.

3 Volunteers will help the homeless.

4 The boy will study English.

5 The earthquake will damage the town.

6 The architect will build a building.

7 She will adopt a puppy.

8 Jessica will complete high school.

9 Jason will repair the toilet.

10 David will pass the test(exam).

[Step 2 : 문장 완성하기]　　　　　p.70

2 Students will visit an orphanage soon.

3 Volunteers will willingly help the homeless.

4 The boy will study English in America.

5 The powerful earthquake will damage the town.

6 The architect will build a tall building.

7 She will adopt a cute puppy.

8 Jessica will successfully complete high school. / Jessica will complete high school successfully.

9 Jason will repair the old toilet.

10 David will never pass the test(exam).

[Step 3 : 문장 꾸미기]　　　　　p.71

2 Students will visit an orphanage with their teacher soon.

3 Volunteers will willingly help the homeless during the summer vacation. / During the summer vacation, volunteers will willingly help the homeless.

4 The boy will study English in America instead of Korea.

5 After the storm, the powerful earthquake will damage the town.

6 The architect will build a tall building by the end of this year.

7 She will adopt a cute puppy in April.

8 Jessica will successfully complete high school next February. / Jessia will complete high school successfully next February.

9 Jason will carefully repair the old toilet. / Jason will repair the old toilet carefully.

10 David will never pass the test(exam) without more effort. / Without more effort, David will never pass the test(exam).

Unit 11 현재진행 시제

[Writing에 필요한 문법 확인]　　　　p.73-74

A. 1 is fixing　　　　2 are learning

　　3 is approaching　4 am working

　　5 is drawing

B. 1 look　　　　　2 Are you having

　　3 is looking for　4 is tasting

　　5 believe

[Warm Up : 표현 만들기]　　　　　p.74

2 I am watching

3 She is drinking

4 The students are drawing

5 You are eating(having)

6 Jay is making

7 The students are writing

8 He is washing

9 They are fixing

10 The boy is playing

[Step 1 : 문장 시작하기]　　　　　p.75

2 I am watching a movie.

3 She is drinking water.

4 The students are drawing apples.

5 You are eating(having) dinner.

6 Jay is making a mask.

7 The students are writing an essay.

8 He is washing his hands.

9 They are fixing the car.

10 The boy is playing the piano.

[Step 2 : 문장 완성하기]　　　　　p.76

2 I am watching a scary movie.

3 She is drinking cold water.

4 The students are drawing red apples.

5 You are eating(having) an expensive dinner.

6 Jay is making a colorful mask.

7 The students are writing a long essay.

8 He is washing his dirty hands.

9 They are repairing the old car.

10 The young boy is playing the piano.

[Step 3 : 문장 꾸미기]   p.77

2 I am watching a scary movie in the living room .

3 She is drinking cold water from the refrigerator .

4 The students are drawing red apples in the classroom .

5 You are eating(having) an expensive dinner in the restaurant .

6 Jay is making a colorful mask in art class .

7 The students are writing a long essay in the school library .

8 He is washing his dirty hands with soap .

9 They are repairing the old car in the garage .

10 The young boy is playing the piano with passion .

Unit 12 과거진행 시제

[Writing에 필요한 문법 확인]   p.79

A. 1 was driving   2 were drinking
   3 was looking for   4 were making
   5 Was, taking

B. 1 bit   2 was biting   3 took
   4 were taking   5 were playing

[Warm Up : 표현 만들기]   p.80

2 He was meeting

3 Brian and Justin were wearing

4 The child was painting

5 David was riding a horse

6 My sister was collecting

7 She was leaving

8 Mr. Kim was drinking

9 Sophia was making

10 I was visiting

[Step 1 : 문장 시작하기]   p.81

2 He was meeting the businessmen.

3 Brian and Justin were wearing walking shoes.

4 The child was painting cars.

5 David was riding a brown horse.

6 My sister was collecting stamps.

7 She was leaving the house.

8 Mr. Kim was drinking coffee.

9 Sophia was making food.

10 I was visiting the cities.

[Step 2 : 문장 완성하기]   p.82

2 He was meeting the important businessmen.

3 Brian and Justin were wearing comfortable walking shoes.

4 The child was painting many cars.

5 David was riding a brown horse by the beach .

6 My sister was collecting rare stamps.

7 She was leaving the old house.

8 Mr. Kim was drinking strong coffee.

9 Sophia was making special food.

10 I was visiting the historic cities.

[Step 3 : 문장 꾸미기]   p.83

2 He was meeting the important businessmen at the hotel .

3 Brian and Justin were wearing comfortable walking shoes for a hike .

4 The child was painting many cars on the wall .

5 David was riding a brown horse by the beach in the morning .

6 My sister was collecting rare stamps with her allowance .

7 She was leaving the old house by the river .

8 Mr. Kim was drinking strong coffee without sugar .

9 Sophia was making special food in the

kitchen .

10 I was visiting the historic cities during the
   summer of 2016 . / During the summer of
   2016 , I was visiting the historic cities.

Check Up 4. Unit 10-12
[More Practice]   p.84

A. 1 My brother and I were having a fight at
      the time.

   2 My class will go on a picnic at the park
      tomorrow.

   3 Rob will study very hard for many hours
      for the math test.

   4 Is everyone enjoying the birthday party?

B. 1 Gina will practice the violin for three
      hours every day for the concert.

   2 Jessica will go to the swimming pool near
      the park next Saturday.

   3 I am making a big sandcastle with my
      parents at the beach.

   4 I was giving a bath to my dog at the time.

[Creative Thinking Activity]   p.85

2 Justin was listening to music in the room.

3 Brian was reading a book in the living room.

4 Kelly and Naomi were making food (cooking)
  in the kitchen.

5 Sophia was playing (the) piano in the living
  room.